中华中医昆仑

# 杨医亚学术评传

张镜源◎主编

中国盲文出版社

**图书在版编目（CIP）数据**

杨医亚学术评传（大字版）/ 张镜源主编. —北京：中国盲文出版社，2015.12
（中华中医昆仑）
ISBN 978-7-5002-6756-0

Ⅰ.①杨… Ⅱ.①张… Ⅲ.①杨医亚—评传 Ⅳ.①K826.2

中国版本图书馆 CIP 数据核字（2015）第 313542 号

杨医亚学术评传

主　　编：张镜源
责任编辑：张冬芝
出版发行：中国盲文出版社
社　　址：北京市西城区太平街甲 6 号
邮政编码：100050
印　　刷：北京华联印刷有限公司
经　　销：新华书店
开　　本：700×1000　1/16
字　　数：42 千字
印　　张：6.5
版　　次：2015 年 12 月第 1 版　2016 年 3 月第 2 次印刷
书　　号：ISBN 978-7-5002-6756-0/K・400
定　　价：12.00 元
销售服务热线：（010）83190297　83190289　83190292

# 丛书编委会

# 前　言

中医药是中华民族的伟大创造，是世界医学宝库中的夺目瑰宝，数千年来为中华民族的繁衍昌盛作出了巨大的不可磨灭的贡献，至今仍是中国医药卫生事业不可分割的重要组成部分，在维护民族体魄康健、促进经济社会发展中发挥着不可替代的作用。

中医药学，是中华传统文化和科技文明的结晶，是勤劳聪慧的中华儿女在几千年生产生活实践中，在与疾病作斗争的过程中，创造的独具特色的医学科学体系。它有着浓郁的民族特色、深厚的文化底蕴和丰富的哲学内涵。经过一代又一代中医药传人、一辈又一辈名医大家的实践探索、薪火传承、总结完善、创新发展，逐步形成了系统的理论体系、独特的诊疗方法、丰富的医学内容、实用的制药技术。具有疗效确切、用药安全、应诊灵活、普适简廉和预防保健作用显著的巨大优势，在世界医学之林独树一帜，为人类的文明进步与医疗保健事业，已经并正在作出积极的贡献。

为了弘扬中华民族传统文化，彰显中医药学家的丰功伟绩，当代中医药发展研究中心与中国文学艺术界联合会、国家中医药管理局新闻办公室、中华中医药学会、中国中医科学院、北京中医药大学、世界中医药学会联合会等精诚合作，在国家中医药管理局的支持和指导下，为中华近现代百年来贡献卓著、深受敬仰的150位中医药学家，编撰出版了这部大型传记丛书。丛书采用评传体裁，记载他们的生平事迹、医术专长、学术思想、传承教育、医风医德、养生之道和突出贡献，使这些宝贵的医学成就和精神财富发扬光大，千古流芳。

丛书取名《中华中医昆仑》。昆仑山，被尊为“万山之祖”，柱西北而瞰东南，立中国而凭世界，凌驾乾坤，巍然屹立。以其高峻豪迈、绵延起伏的磅礴气势，寓意中华中医药学历史悠久、博大精深和永不衰竭；以其挺拔雄伟、高耸入云的恢弘气魄，彪炳一代中医药学家的丰功伟绩、杰出贡献和不朽勋业。

丛书入选传主，从全国范围推荐遴选，遍及中医药界各个领域。有临床家、理论家、药学家、教育家、医史文献学家；有名师亲授、世医家教、学派传人、院校毕业和自学成才者；有师徒并驾、父子齐名和伉俪联袂者。他们学术造诣深厚、诊疗技术精湛、临床经验丰富、学科地位崇高、科研成果丰硕、医风医德高尚、国内外影响较大，从医学理论到临床实践，为中医药事业的传承和发展作出了突出贡献，是近现代百年来中华中医药界的杰出代表。

丛书的出版，对于弘扬中华文化，振兴中医药事业，造就中医药人才，普及中医药知识，具有重要的现实意义和深远的历史意义。这是一项开创性工作，填补了我国为著名中医药学家大规模撰写传记的空白；也是一项抢救性工作，因入选传主已仙逝过半，许多亲历、亲见、亲闻的史料日见散逸，将之收集整理、编撰成书，功垂后世、利国利民；更是一项承前启后的工作，总结传主经验，传承中医药伟业，继往开来，光耀世界医学之林。这部医文结合，富蕴历史性、学术性、文学性和实用性的鸿篇巨制，对医疗、卫生、科研、教育及全球关注中华中医药文化的各界人士，都有重要的参考和阅读价值。

丛书的编撰出版，是一项巨大的中医药文

化建设工程，在策划、撰写、编辑、出版过程中，自始至终得到了国家有关领导、政府部门及社会各界人士的关心和支持。国家中医药管理局高度重视，并组织专家对全书进行终审；数百名专家、学者亲临指导，参与规划；有关省、市、自治区卫生厅、局、中医局（处）给予大力帮助；传主及其亲属、弟子热情支持、密切配合；撰稿人深情满怀、辛勤笔耕；编审专家尽心竭力、精工细琢；关爱中医药事业的企业家热心公益、慷慨资助；全体工作人员不辞辛劳、无私奉献，这一切使丛书得以顺利出版。对此，我们深表谢意。

由于时间紧迫和资料搜集困难，加之水平有限，难免有疏误之处，敬请广大读者批评指正。

中华中医药学，历史悠久，源远流长，发端于远古，奔向于未来。百年对于历史，不过是短暂的瞬间；百人对于万众，不过是沧海一粟。然本丛书所记载的百年百人，则无疑是波澜壮阔的中医药发展史上辉煌的篇章和光芒闪烁的璀璨星辰。

张镜源

# 目录

一个医生看的病人再多也是有限的，如果通过写书，让更多的人学会中医，可以救治更多的病人。

——杨医亚

杨医亚（1914—2002），原名杨益亚，曾用名杨鸿星，河南省温县人。著名中医学家、教育家、临床家，河北中医学院教授，中共党员，九三学社社员。

1938 年毕业于北平华北国医学院，师从施今墨、吴彩臣等名师。大学期间任施今墨院长主办的《文医半月刊》编辑、主编。1937 年创办《国医砥柱月刊》，自任主编。1939 年创办中国国医专科函授学校及中国针灸研究所函授部学习班。1943 年受聘于华北国医学院任教授，被誉为北平“四小名医”之一，1949 年接任院长。

1951年受命带领在京部分中医来到河北省石家庄，支援该省中医药事业恢复工作，留在省卫生厅担任刚创刊的《河北卫生》编审。次年调至保定中医进修班，任主任。1953年调至石家庄筹建河北省中医进修学校，主持教务工作并任教。1958年调至刚建校的河北中医学院任教，翌年，又调至河北中医研究院任图书编辑。1965年再调到天津中医学院，直到1969年天津中医学院迁至石家庄，与河北中医学院合并，更名为河北新医大学，在该校中医系任教，1979年任科研处副处长、中医系教授。1983年河北中医学院恢复原校名，他担任中医基础教研组主任、教授，直至1988年退休。

自1939年办函授教育以来，从事中医学教育工作60年，此间除教学、科学研究和临床外，编著或主编、审阅修改教材、临床读物，修订整理古代医书、近代名医名著、经验效方，以及编纂医学工具书、丛书、类书等50余种，共计 1540 余万字，其中《临床各科综合治疗》、《新编伤寒论》、《近世针灸医学全书》、《杨医亚针灸学》等著作，传播国内外，影响甚广。

曾任中华全国中医学会第一届理事、河北省中医学会副理事长、卫生部高等中医药院校医学专业教材编委、中国医学百科全书编委，以及河南张仲景国医大学名誉教授、河北省中医理论整理研究会主任等多种职务，把毕生精力都奉献给了中医复兴和发展事业，并作出了重要贡献。

## 寒门学子　求学路艰

杨医亚的故乡在河南省温县。该县地处豫北沁阳盆地，位于黄河北岸，北靠太行山。历史上黄河多次泛滥，百姓生活贫穷，瘟疫几度流行，多无钱医治而饱受疾患。1914 年 8 月 14 日，杨医亚出生在温县安乐寨的一户贫农家庭。祖父生有一女二男，杨父排行居中，前有姐姐，后有弟弟。一次疫病使幼年杨医亚失去父亲，从此，他与母亲相依为命，在大姑和叔叔的接济下过着贫寒的日子。他自小聪明懂事、勤奋好学，在家乡读完小学，成绩优秀。叔叔和姑姑看到他人小志大，将来一定会有出息，主动出资鼓励他到北平读中学，期望他在北平受到良好的教育，不误他的前程。他一个人背着行李，离别故乡，渡过黄河，从郑州乘火车来到举目无亲、人地两疏的古都北平，考入弘达中学。

中学期间，杨医亚学习国文、英语、数学、物理、化学、历史、地理、博物等课程，全面打下了文、理、生物较厚实的基础，又能写出一手漂亮的文章。课余时，他打点零工，挣些学费和伙食费，尽量自食其力，减轻二叔的经济负担。

在北平，他亲眼看到劳苦大众生活的苦难和贫穷，一旦生病，无钱医治，非等到万不得已时才去医院救治。他萌生学习中医、悬壶济世的愿望。杨医亚知道当时北平有两所著名的国医学院，一所是萧龙友、孔伯华创办的“北平国医学院”，另一所是施今墨、魏建宏等人创办的“华北国医学院”。

华北国医学院是施今墨等人自筹资金于1931年创办的，施今墨自任院长。学院收取学费较低，亏欠资金大部分由施今墨出钱补贴。办学方针是：“以科学方法，整理中医，培养人才，决不拘泥成法，唯一宗旨，希望阐明先哲之遗言，借助新医之实验，为人群造福”，学制四年。课程设置以中医为主，中西兼授，中西汇通。中西医课程比例约为 7∶3。校舍设在宣武门内大麻线胡同，每届从数百名报考学生中招收 40 名。1934 年，杨医亚以优异成绩考入该校，实现了他学医的理想。杨医亚是华北国医学院第四届学生。

杨医亚非常喜欢学校的开明校风和设置的每门课程。如中医课程有中国医学史、医学大意、内经、难经、伤寒、金匮、温病、诸病源候论、本草、处方、脉学、辨证诊治、医案学，以及内、外、妇、儿、针灸、骨伤、眼耳鼻喉、皮肤花柳科等二十余门课程；西医有生理卫生、解剖学、病理学、细菌学、药理学、诊断学、传染病学、法医学，以及内、外、妇、儿等课程；此外还设有国文、日语、德语等。

杨医亚惜时如金，勤奋苦读，不敢有丝毫懈怠之心。他深知华北国医学院4年学习是实现自己志向的重要阶段，多读一卷书便多得一卷书的知识，学问是一点一滴地积累起来的，不能存侥幸取巧之心。他每门功课都优等，尤其喜欢内经、伤寒、辨证诊治和医案及西医的解剖学、诊断学和病理学。读经典中遇到不懂的问题，从不放过，一定向老师求教，名师的点拨往往使他茅塞顿开，恍然大悟。

施今墨重视学生西医基础实验、尸体解剖、化验等生理知识和诊疗手段的掌握，以及中医临床实习。4年级时，学生在学院诊所或施今墨诊所跟随老师侍诊。施今墨等名医向学生详细讲解病情、辨证要点、处方原则和用药配伍特点；门诊结束后，老师对当天重要病例进行系统分析，要求学生把当天病例分析记录，积累成册，作为学生的病案资料。杨医亚勤于积累病案资料，老师的病例分析、同学的发问和讨论，都将其记于册中，不放过一点可用材料，日后随手可稽。日积月累使他养成动脑和动手的学习习惯。

1931年，华北国医学院成立之初，施今墨主办了《文医半月刊》。1935年《文医半月刊》招聘编辑，还是二年级学生的杨医亚应聘成功。这件平常的事，却改变了他人生道路的轨迹。《文医半月刊》为他发挥文理才华和组织交往能力提供了舞台，使他有更多的机会与校内名医交往。他又利用约稿、组稿机会广泛结识北平市内名医，他的学识眼界因此变得开阔，知识因此变得丰富。

由他编辑的《文医半月刊》始终坚持施今墨制定的办刊方针，即“不拘门派，百家争鸣”。他根据读者需求经常调整栏目，如设医论、施今墨治案例、杂文、杂论、读者来信及回复等。期刊办得文医并茂，百花齐放，深受学院师生的喜爱，也常收到各地读者赞扬的信函。《文医半月刊》的发行量最高达四千余份，在国内中医杂志中独树一帜。

1937年，杨医亚临近毕业，因学习和侍诊工作繁重，他离开了《文医半月刊》，专心致志地完成大学学业。

## 自创医刊　兴办函授

自西方现代医学传入中国之后，中医曾有两次险遭灭顶之祸。第一次是 1914 年北洋政府教育总长汪大燮公开宣言废止中医，言论一出激起各省中医抗议，愤然组织请愿团体赴北平请愿，要求保留中医学。北洋政府迫于强大的声势，收回主张。第二次是 1929 年 2 月由余云岫等率先发难，提出《废止旧医以扫除医事卫生之障碍案》，国民政府卫生部第一届中央卫生委员会通过了该议案。在这中医的生死攸关时刻，各地中医界又一次团结起来，奋起抗争，保护中医学。各省中医团体的代表云集上海，举行集会，声势浩大，得到全国有识之士及广大民众的声援，国民政府被迫取消这个违背民意的荒唐提案。此次事件极大地伤害了中医界，同时让那些有志于中医复兴和改革的仁人志士，悲愤地举起改革大旗，一批有为的后学云集旗下，立志走改革之路。

施今墨说："诸君亦知中医在今日，为存亡绝续之秋乎。外见辱于西医，谓气化为荒诞；内见轻于政府，成医界中附庸。今墨数年之前，早已逆知此变。今又隶于卫生行政，更可见吾人环境，非振兴医学，绝不足以自存。故敢断言中医之生命，不在外人，不在官府，而在学术也。"故该学院学生毕业后无论从医、为学、著书都怀有复兴中医事业之志。

杨医亚于1937年即4年级时独自创办《国医砥柱月刊》。以"砥柱"为刊名，表明在中医学存亡危急之秋，该刊要为中医复兴做中流砥柱，力挽狂澜，捍卫中医事业；以"砥柱"为刊名，表白自己愿把振兴中医作为己任，以磐石之足、冰洁之心为之奋斗。

编辑《文医半月刊》期间，来信最多的读者是乡镇中医，他从信中知道他们渴望从这本杂志中得到名医的指导和教育，提高医治水平。他认为，泱泱中国，人口四亿多，中医杂志区区几家，印量很少，价格又贵，极难满足广大乡镇中医求知的愿望；况且中医杂志文字古奥，医理学术论文为其主要内容，也不利于乡镇医生阅读，难以帮助他们充实理论，提高医术。于是，他决心办一份为乡镇医生服务的杂志。

杨医亚深知自己还是在校就读的学生，名微言轻，一无资金，二无稿源，困难重重。他充分利用编辑《文医半月刊》时结交的人脉，四处拜访。他的一片精诚之心，常常打动京城名流名医，纷纷表示愿意献稿。这一年末，杨医亚主编的《国医砥柱月刊》面世。设置的栏目有：医论、临床施治方剂、医案医话、专题讲座、读者来函、解惑答疑、医学动态、杂文等。杂志的形式活泼，医理简明，医案可靠，方剂成熟，文字通俗，答疑中的，价格便宜。因此，《国医砥柱月刊》一经问世，如同一股清新的春风拂过中医界，令中医界前辈刮目相看，受到广泛的赞扬。之后，谢利恒、叶橘泉、任应秋、时逸人等三十余位京城名医及各地医家为杂志撰稿，形成一支豪华强大的撰稿人队伍。

杨医亚苦心经营数期后，《国医砥柱月刊》便迅速畅销全国，接着又销至港、澳地区，甚至远销东南亚诸国及日本，最盛时发行量高达四万余份。他在国内和境外设立二百多个经销分社，负责营销。国医砥柱月刊社一举成为当时国内影响最大的一家中医杂志社，杨医亚也因此名闻全国。

1938 年夏，杨医亚从华北国医学院毕业，经考试取得行医资格，在北平开设国医砥柱月刊社附属诊所和杨医亚诊所。他对病人怀着怜悯之心，就医者不论贫富贵贱均一视同仁，不分厚薄，不收礼品；遇到贫苦病人经常免除费用，有时私下里给予接济，以致后来规定，凡是每天前5名就医者均可免费。他说：“早来看病的人，一般都是生活困难的人。”由于医术高明，医德高尚，刚入医林、出道不久的他很快在名医耆宿汇聚的北平站稳了脚跟，就医的人络绎不绝，他常常顾不上休息。

在行医中，杨医亚常想，就医的病人多，而中医师严重缺乏，北平尚且如此，何况全国各地呢？于是，他萌生兴办函授学校的想法。

他对同事说：“一个医生看的病人再多也是有限的，如果通过写书，让更多的人学会中医，可以救治更多的病人。”

中医函授教育，据说是清末民初河北名医张锡纯开创的。他把自己多年行医积累的效方及与病人通信等内容汇成一书出版，名为《医学衷中参西录》。该书出版后，很多医家争相购买，各地初学中医甚至有些文化的百姓也买来看，读者甚众，广泛普及了中医知识，而且按书中效方治愈了很多常见病。

杨医亚很早就读过《医学衷中参西录》。他对张锡纯精湛的医术及他的恻隐慈悲之心、衷中参西的治学态度十分敬佩。尤其张锡纯在该书序言中说："人生有大愿力，而后有大建树"，"学医者，为身家温饱计则愿力小，为济世活人计则愿力大"。"愿力"就是愿望的高低。杨医亚认为这些话非常精辟，鼓励着自己；又从张锡纯的经历中得到启示：一部好的中医书可以帮助更多的人学会中医。

1939年杨医亚在北平创办了"中国国医专科函授学校"及"中医针灸研究所函授部学习班"。专科函授学校学制两年，授内经、伤寒、温病、中药及临床各科诊断治疗等课程；针灸函授学习班学制一年，授针术、灸术、配穴、针灸处方、针灸治疗等；经考试合格，发给毕业证书。两个函授班共招收学员2000余名，学员来自各省，大多是乡镇中医和志愿学习中医的年轻人。杨医亚亲自编写函授教材及回答学员来信中提出的疑难问题。学员普遍反映函授教育帮助他们提高了医理和医技。

杨医亚在1998年出版的《杨医亚针灸学》序言中写道："1939年编写了《近世针灸医学全书》，当时为中国针灸研究所的函授针灸讲义，1954年为供给志愿者学习参考，曾删改出版，前后共再版4次。"这本针灸函授讲义曾畅销二十余年，成为1949年前后针灸医生、志愿学习者必读的精品之作。

杨医亚古稀之年与学生李彬之合作，于1983年重新整理出版了张锡纯的《医学衷中参西录》。杨医亚在"校点说明"中讲到校点出版该书的初衷。他写道，《医学衷中参西录》是"医界一代伟人"张锡纯毕生研究中医学的心血结晶，流传广泛，影响深远。然而，该书文白相间，有些地方文义难于理解，文中错讹、漏字之处也须校订；原著按文章先后汇编而成，同册文体不一，内容较重复，不宜现代中医学习；对西医的认识及对西药的使用，由于主客观条件的限制，不免有些片面和肤浅，特别是用中医理论来比附西医理论，亦多有牵强之处。

因此，他们在尊重原书的前提下，按原书顺序改编为上、中、下 3 册，即原书前 3 期为上册；4、5 期为中册；6、7 期及增补第 8 期为下册。同时将原书各卷目录系统移至每册之前，以便检索。又将内容分为医理、医方、药解、医法、医案 5 部分。对张锡纯某些立论上的偏颇之见加按语说明，既保持了原著的学术精粹、立论的风格，又便于当今读者学习研究。该书于 1984 年被评为 1983 年度全国优秀科技图书二等奖。

1943 年杨医亚受聘于华北国医学院任教

授，主授伤寒学。此时，他身兼大学教授、函授教育及行医三种工作，十分忙碌。1949 年施今墨另有重任，聘杨医亚为院长，被誉为当时北平“四小名医”之一。自此以后，杨医亚开始从事中医高等教育工作。

## 忠诚教育　杏林成荫

中华人民共和国成立后，北京中医界在庆祝新中国诞生的同时，期盼着国家能从此摆脱百年来的苦难，迎来民族的兴旺强盛、中医事业的复兴和发展。党和政府各项惠民政策温暖着杨医亚的心，他看到了中华民族复兴的希望。他毅然于1951年参加公职，决心为中医发扬光大而作出贡献。不久他受卫生部委派率领部分北京的中医来到石家庄，帮助医疗卫生人才缺乏的河北省卫生厅开展中医培训工作。起初他在卫生厅技术编审室负责编辑刚创刊的《河北卫生》杂志，这是一份传播医药卫生知识的综合性刊物。编辑出版《河北卫生》，对杨医亚来说是件驾轻就熟的事情。他根据卫生厅制订的办刊宗旨和省内医药卫生状况，设置了刊物栏目：卫生行政管理、防病灭病、中西医临床各科、卫生科普等，发行量达三千余份，在河北省内外都有较大的影响。

1953年“保定中医进修班”开办，杨医亚被卫生厅任命为班主任，负责教学工作，主讲伤寒、针灸和中药。学员来自河北省内临床中医界。杨医亚曾于1943年编写了《伤寒论新解》(由国医砥柱月刊社出版)，用的是通俗易懂的语言，不落“以经释经，以古释古”的旧套。这本讲义曾在华北国医学院讲过多次，又几经修改，在作为进修班教材之前，他又进行重大修订，打破了原文的条文编序，将同一类证候归为章节，综合论述，使重点突出，脉络分明，可使同一证候下的症状相互对比，易于辨证它们之间的异同之处。他的大胆改革使《伤寒论》原著中的难点不再拦路，疑惑处若见光明。因此，学员经进修后，普遍觉得学得懂，用得上。

次年，河北省卫生厅在石家庄筹建“河北省中医进修学校”，杨医亚负责学校教务工作：制订教学计划，安排课程，招生及其他教学事宜。中医进修学校的任务，是为省内各医院培训在职中医科骨干，半年一期。

杨医亚认为，在职中医已有多年的临床经验，半年之内应主要学习中医学理论，提高辨证论治能力，同时也要学习西医学基础知识及诊断处方的程序。为此，他安排课堂教学内容以中医理论为主，兼学西医；课余组织临床讨论，生动活泼，讲究实效。进修学校共办了8期，为省内各医院培训了一批中西医结合人才。

1956年，北京、上海、南京、广州、成都相继建立中医学院，标志着我国中医学高等教育迎来了快速发展时期。1957年河北中医学院建校，次年杨医亚调入该校任教。

然而就在这一年，杨医亚受到不公正的待

遇而被冷落。在逆境中，他清者自清，淡泊静心，趁此机会做自己的学问。1958～1959年他编著的《新编伤寒论》和《伤寒论简明释义》等著作陆续出版，署名大多为“河北中医学院”，杨医亚把署名看作过眼烟云，只要著作出版便了却他编著书籍的心愿。这个时期本是他人生中的一段坎坷，却成为他著述的又一高峰。

古人云：“大事、难事看担当，逆境、顺境看襟度，临喜、临怒看涵养，群行、群业看识见。”杨医亚处逆境胸怀大度，宠辱不惊，平和淡泊，一以贯之做他的学问，这种对事业执著胜过个人命运的精神成就了他的大业。

1966年党和政府要求全国卫生部门把卫生工作重点放到农村并大力为农村培养医药卫生人员。河北省卫生厅组织有关人员编写半农半医医生（又称赤脚医生）培训教材。卫生部委托天津中医学院承办“半农半医学习班”，培训对象为天津市及河北省农村医药卫生人员。天津中医学院通过市卫生厅将杨医亚从河北中医学院调到该院担任学习班主讲。当时在津冀两地物色一位集中西医各科理论、临床及富有教学经验又善编写教材的专家来主管教学，此非杨医亚莫属。杨医亚也责无旁贷地担当了这个任务。

“半农半医学习班”举办地点在河北省昌黎县，学制一年。杨医亚专门为该学习班编写两本适用教材:《针灸》和《中医诊疗概要》。《中医诊疗概要》有两部分内容：第一部分介绍作为中医特点的中医诊疗疾病的理论和方法，包括关于中医怎样诊察病症，怎样分析病证，怎样开方用药等方面的基本知识；第二部分介绍常见病症的治疗，主要介绍农村常见病症 78 种，力求本着简、便、廉、验的原则，用浅显的文字，说明各种病症的特征和简易方的使用方法，使初学者易于理解、易于掌握、易于使用。这两本通俗教材经人民卫生出版社出版后，发行量达一万二千多册，被全国各地半农半医学习班购买，作为选用教材或主要参考书籍。

半农半医学习班开学后，杨医亚立即遇到各地学员文化程度、临床经验参差不齐的问题。过去办函授教育的经验，帮助他克服这类困难时显得从容不迫，游刃有余。他讲课言简意赅，少而精，以学员听得懂、记得住为度；把部分课堂时间留给学员提问、讨论，鼓励学员以自己诊治病例的体会相互讨论，最后由他总结提高。这种活泼开放、联系实际的教学形式得到学员们普遍认可；对部分文化程度高的或低的学员，他在课后答疑时分别给以深化提高或更加浅显的讲解，以满足不同文化程度学员的要求。

在昌黎学习班，杨医亚工作很忙，心情却特别愉快，因为教师只有站在这庄严的讲台上，才感到快乐和幸福，无论教室里坐的是大学生还是半农半医学员，教师的责任都是同样神圣的。他与学员住在同一栋楼里，学员时常来到他的房间，与他讨论自己临床中遇到的疑难病症，他详细地问病人的症状，然后帮他们分析辨证和处方用药中的得失。

杨医亚对这批献身于农村医疗卫生工作的学员一直怀有敬重之心，与他们相处，听取他们诉求，他感到为他们讲课总有一种义不容辞的愉快心情。培训班结束时，学员们都恋恋不舍地与他告别。

1969 年，卫生部决定天津中医学院迁至石家庄与河北中医学院合并，更名为“河北新医大学”。杨医亚在该校中医系任教。

回到石家庄不久，他带领中医系 65 班学生赴栾城农村进行实践教学及巡回医疗。社员们听说省里派来了医疗队，纷纷从各村赶来就医。他亲自与学生一起开诊看病，常见的小病交由学生诊治，疑难杂症或多年不愈的旧病，他亲自辨证处方，由侍诊学生记录，写好的处方他亲自审核签名。实践教学结束后，当乡亲们得知杨医亚一行即将离别时，特地从四面八方赶来为他们送行，感人的情景令他激动不已。

改革开放使中医事业得到快速健康的发展。1979 年杨医亚担任学校科研处副处长、中医系教授。1983 年河北中医学院恢复原校名，他任中医基础教研组主任、教授。此时的他已是年届古稀之老人。

苍龙日暮还行雨，老树春深更著花。杨医亚一边担负培养青年教师的任务，一边专心致志著书立说，继续以书惠及更多的后学。

## 综合中西　冶于一炉

杨医亚在华北国医学院学习期间受到中医学和西医学理论的全面教育，临床师从施今墨院长，对施今墨倡导的“运用中医理论以西医学分类为纲，总结西医学各种疾病的证候规律和特点，是临床中西医汇通的一条值得探索的途径”的观点，心悦诚服。他认为施今墨指明的是一条中医复兴之路，舍此别无他途。

复兴中医须做3件大事：编书、办医院、开学校。杨医亚青年时代3件事都做了，而且都取得骄人的成绩。然而审时度势，他还是选择在临床、教学的同时，把很大的精力用在编撰著述方面。他潜心研读古今医书和各类杂志，一点一滴地梳理、考证、归纳、分析，形成自己的观点时，才敢着手写作。

《临床各科综合治疗学》是杨医亚“综合中西，冶于一炉”早年的力作。该书前编为《内科》，于1954年5月出版，后编为《新药·中药·针灸》，于1955年6月出版。

《临床各科综合治疗学》是以西医学病名分类，再论及病原、症状、治疗，先西后中，全面周到。下举外科“湿疹”为例。

本病为一种皮肤炎，这一种发炎特别侵犯皮肤，于早期在临床上现群簇性水疱，细胞内或细胞间发生水肿。

病原：本病大部分是变态反应的关系，发生原因有两种因素，一为表皮细胞有敏感性，再加上刺激的因素，就能发生湿疹。外界的刺激包括很广，有时外界各物对过敏的人都能引起敏感，如花粉、异类蛋白的鱼、虾、蟹等，或其他各种食物、化学物品等；内在的刺激如腺病质、慢性胃肠病、便秘、贫血、糖尿病、寄生虫、血液中的代谢的产物，及其他神经关系的刺激而成。

症状：①急性湿疹：起初时，局部发现红斑，很快地发生水疱，现红肿状态，以后则成痂，在急性时期，常在红肿的局部同时有水疱、糜烂、痂等存在，因糜烂之故，可以受化脓球菌的传染而引起继发性化脓现象。后来红肿渐消退，渗出物渐减少，现落屑现象，其主要症状，除皮肤潮红、肿胀、灼热外，即为瘙痒，在发汗与加温时更甚。夜间多不能安眠，往往能引起神经衰弱、营养不良等状态。②慢性湿疹：其特点为落屑，皮肤增厚，现苔藓化（即皮纹加深，皮丘加高），色素沉着，痒感甚剧，往往因抓破而致炎症更甚，亦有出血而发痛苦者。此型多发生在曲肘的屈侧面，其他为头面、乳房、手足、阴部、肛门等部位。

治疗：

一、治疗要则

急性湿疹：应先消除刺激原因，包括化学性、物理性、变态反应关系，保持局部安静，用无刺激的缓和药液、药膏或药粉等治疗之。慢性湿疹：可先用较强烈的刺激性药剂，待病机转变，再用缓和药剂。本病应注意局部治疗，极为重要，其有营养障碍及神经症状者，亦当兼治之。如发生红斑与水疱，可用扑粉剂，如发生湿润，可进清湿、解毒、消炎、消肿剂，必须按照湿疹的各型和各期，实行对症治疗。

二、新药疗法

（一）炉甘石洗剂：炉甘石 12g，氧化锌 12g，稀次醋酸铝 12g，甘油 20g，蒸馏水加至 100ml，上药经振荡后，涂抹局部。（发生湿疹用）

（二）氧化锌泥膏：淀粉 25g，氧化锌 25g，凡士林 100g，局部涂抹。（急性湿疹用）

（三）过锰酸钾液1∶8000，硼酸水3%，醋酸铅液1∶5000，上用纱布浸润后罨包。（红斑性湿疹，有肿胀或水疱多者用）

（四）赖氏软膏：氧化锌25g，水杨酸2g，淀粉25g，凡士林加至100g，局部涂抹。

（五）沉降硫黄20g，水杨酸2g，黄凡士林40g，为软膏，局部涂抹。（慢性湿疹用）

（六）氯化钙0.6g，蒸馏水10ml，上每日1～2次静脉注射。（减轻病灶湿润用）

（七）氯化钙0.6g，溴化钙0.6g，蒸馏水10ml，上每日1次静脉注射。（减轻病灶湿润并止痒用）

（八）硼酸3g，蒸馏水100ml，上为罨包料。（急性湿疹炎症剧烈及肿胀用）

三、中药疗法

（一）赤芍二钱，生薏苡仁三钱，赤苓、猪苓各三钱，金银花三钱，天花粉三钱，当归尾二钱，川萆薢三钱，泽泻三钱，牡丹皮三钱，

木通一钱半，汉防己一钱半，海桐皮一钱半，苦参一钱半，水煎服。（清湿、解毒、消炎用）

（二）芙蓉叶一两，生大黄一两，生南星四钱，升麻五钱，上共为细末，用凡士林调膏，涂纱布上包扎患部，每日换1次。（清热、消炎、退肿、止痛，初起潮红者用）

（三）制柏散：厚黄柏合猪胆汁涂炙、研末，菜油调敷患处。（消炎用）

（四）湿疹膏：密陀僧研极细末，麻油调涂，干燥再涂，或润以麻油。（止痒收敛用）

（五）青蛤散：煅蛤粉一两，青黛三钱，煅石膏二两，轻粉、黄柏各五钱，共研细末，先用香油调成块，次用凉水调稀涂之。

（六）清上防风汤：薄荷一钱，荆芥一钱，连翘二钱，桔梗一钱半，防风一钱半，白芷一钱半，黄连六分，栀子一钱，枳实一钱，川芎一钱半，黄芩一钱半，甘草一钱，水煎服。（头部湿疹用之）

四、针灸疗法

（一）针灸穴：曲池、委中、合谷、外关、血海、膈俞、三阴交，每2～3日施术1次。

（二）脚湿疹：针委中、曲池、血海；灸天应。

（三）手湿疹：针大椎、中渚、合谷；灸天应。

（四）下肢湿疹：针外丘、三阴交、解溪。

（五）上肢湿疹：肺俞、曲池、支沟、大陵、合谷。

（六）风疹：曲池、血海、委中、肺俞。

（七）遍身生疮或瘾疹要穴：曲池、合谷、三里、绝骨、膝眼、肩髃、曲泽、委中、环跳、涌泉、血海。

河北省中医进修学校同事、名医桑林评价该书说："癸巳春，（杨医亚）执教于本校，熏陶所至，皆为春风。而三余虽短，犹复整饬所集为《临床各科综合治疗学前编》之作……今岁复取所著之妇科、外科、儿科及五官科等续成‘后编’，体例无殊，仍以中西疗法及针灸为治疗之实施，而取材精当，斟选验方，尤过前编……当此继承与发扬祖国医学遗产，西医学习中医之际，则杨君之作，沟通中外古今，导入实证，有助于西医之学习，以树立我中华特有之医学事业者，兹编亦预有焉。”

中华人民共和国成立初期，中医进修班或西医学习中医班的讲义都相当缺乏，杨医亚已预见到这一需要，参加公职之后利用公余之闲暇，潜心著作 3 年，将初稿寄到上海千顷堂书局，约请《新中医药》编辑部钱今阳医师校审出版。《临床各科综合治疗学前编》面世后，桑林医师用“该书发行以来，不胫而走，洛阳纸贵”来形容当时热销的空前盛况。另一位同道任圣华医师说：“国内中西医同道，莫不以先睹为快，固已纸贵洛阳矣。”《临床各科综合治疗学前编》再版 9 次，发行量达 50 余万册。

1956年上海市举办西医离职学习中医班，新成区有近千名卫生工作者参加，分为6个大组。钱今阳医师负责其中一个大组，地址设在上海精神病医院。该医院陈医师亦参加学习。他告诉钱今阳，他正在学习针灸疗法，用的书就是杨医亚的这本《临床各科综合治疗学》。他说这本著作可以从西医治疗旁通中药和针灸，以作印证，多掌握一种知识。钱今阳说，事实上上海许多中医或初学针灸的西医都把这本著作作为主要学习资料，因为它提供同一种病症3种治疗方法，可以互相印证。钱今阳举一例以示证明。

李某，偏头痛病有13年，冬末、春初发作更甚，来钱今阳诊所就治。钱今阳问诊后刚欲处方，李某出示杨医亚所著的书，要求按书中处方开药。该处方为：石决明一两，白菊花三钱，生地黄六钱，紫贝齿六钱，天麻一钱半，北细辛三分，全当归二钱，紫石英六钱，蒺藜三钱，川抚芎一钱，杭白芍六钱，制何首乌六钱，嫩钩藤三钱，茺蔚子二钱。

钱今阳说："李君凭他长时期患病服药的经验，所以能够辨认医师处方是否适合于自己的病体，由此可以说明杨兄选方的切合实用了。"

《临床各科综合治疗学前编》出版后，《新中医药》编辑部及钱今阳、杨医亚都收到各地大量来信。杨医亚认真地读过每一封信，择其中比较重要的问题在《新中医药》杂志上详细答复。他在本书后编的前言中说："这些来信给我增加了很大的勇气，提供了很多有关改进的宝贵意见，也是促进我学习的最大力量和机会，实在使我非常钦谢！根据读者来函，了解到本书对于医界同道们是有一定程度帮助的，十分欣慰。同时，同道们感到内容上某些地方应再修改补充，如中医同志们感到在'新药疗法'中应多介绍一些现已普及农村中的成药；西医同志们要求把'中药处方'的详细服法及以往用此方治疗的经过情形作详细写明等建议，这一系列的问题，不但是医务工作者当前所亟待解决的问题，也是医务工作者们目前最迫切的需要。同时更加引起了我的注意。今后自当本此方向努力，以答复同道们对我热情的支持。”

为了满足广大工农知识青年学习中医知识的需要，杨医亚编著了《临床各科综合治疗学》(工农知识青年教学读物)，篇幅比原书增加一倍多，兑现了他的承诺。

武汉名医徐鉴泉医师称:《临床各科综合治疗学前编》是新中国中西医团结下划时代的产物。冶中西医学于一炉，是我理想的临床读物。

杨医亚在该书前编的“前言”中写道:“现在一般治疗书，多偏于一方面的治疗，未能综合多种疗法来战胜疾病，以解除病人的痛苦。因此，有时会使病人感到疾病的缠绵不解，而增添了一层痛苦；医生在这种情况下，或者也会有‘束手无策’之感吧！个人在临床治疗当中，把体会到的比较主要的各种疗法分别摘录下来，作为参考之用，而进修中的同学们都感到这种材料很切合实用，尤其在偏僻的城镇或广大的农村中，不论中西医师，随时选用多种疗法中的一种或两种同时去进行临床的治疗工作，这样对于医学的进修和人民的保健事业，当能更有贡献。”

杨医亚编著《临床各科综合治疗学前编》的初衷，通过出版后读者、专家的赞誉，显然已得到实现。

## 伤寒新编　独辟蹊径

《新编伤寒论》是杨医亚精研《伤寒论》数十年，博采众长、厚积薄发、运用唯物辩证法系统阐述《伤寒论》价值的一部精品。这部著作仅有区区十二万余字，但取材之宏大、论述之精深、行文之流畅、语言之严谨，显示出杨医亚的博学与胆识及脚踏实地做学问的风格。

早在20世纪40年代，来到国医砥柱月刊社附属诊所找杨医亚就诊的病人大多为伤寒温病一类，他开始重点研究张仲景的《伤寒论》及其他伤寒医籍，如《伤寒来苏集》、《伤寒贯珠集》、《伤寒明理论》等，亦阅读当时出版的中西医刊，博采各医家新知识，举一反三，触类旁通，应用于自己的临床，总结分析临床诊治的得失，不但医术得到很大提高，而且对伤寒的病理也逐渐形成了自己的观点。

1943年初，国医砥柱月刊社出版了杨医亚的著作《伤寒论新解》，这年他还不到29岁，但已显露出他不平凡的才华和胆识。

《伤寒论新解》尽管还很稚嫩，但可看到杨医亚正在摆脱传统的“以经释经，以古释古”的旧路，探索用白话文体裁诠释经典的新路。

杨医亚的才华和革新精神，受到恩师施今墨的青睐。1943年夏，而立之年的杨医亚接受母校的聘任，为教授，讲授伤寒学。

回到华北国医学院，杨医亚很明白，在名医荟萃、耆宿云集的母校，自己是个刚出茅庐的后辈，更应潜心读书，虚心求教。他发奋研读叶天士的《外感温热篇》、吴鞠通的《温病条辨》、薛生白的《湿热病篇》、王孟英的《温热经纬》及《祝选施今墨医案》等古今著作。读书中偶有心得便记下来；遇迷惑不解的地方，登门向前辈请教，心中不留疑问。学校中名医、名师对他的好学谦逊十分满意，往往是倾囊传授，谆谆教导，使他受益匪浅，学问也有了长足的进步。他对《伤寒论新解》做了重大修改，仍作为国医学院伤寒学的讲义。他一直想重写新作，但由于他忙于临床、教学、办刊等工作，没有余暇时间，只能暂且搁置。

1947 年南海谭次仲医师编著的《伤寒评志》寄到国医砥柱月刊社请求出版，杨医亚审读后提出一些十分中肯的意见，谭次仲看后茅塞顿开，对其书进行重大修改，并请杨医亚作顾问。这件事又引起他重编《伤寒论》的愿望，但仍因没有时间而搁下。

1958 年，党和政府号召继承和发扬祖国医学遗产，发展中医药事业。河北中医学院成立《新编伤寒论》讲义编撰小组，由杨医亚统稿、修改和审定。该讲义于 1958 年 11 月出版，1980 年 2 月修订再版，共印刷 5 次，仍供不应求。

1978年《新编伤寒论》由武藤达吉、永冈孝子译成日文在日本出版。日本汉医学界对此书推崇备至，给予极高的评价。

从《伤寒论新解》到《新编伤寒论》历经风雨沧桑35年，杨医亚也由风华正茂的青年专家成长为耳顺之年的学者。

张仲景名著《伤寒论》是历代中医必读的经典。《伤寒论》原著由于文词古奥，言简意赅，因此后来各代出现很多注释的著作，先后不下百余家，大多见仁见智，各有所长，也各有所偏，也有不乏深得伤寒精义而有所发挥的论著，对于后人学习起到一定的作用。

五四新文化运动以后，国内各级学校推广白话文，大多学中医的青年缺乏深厚的古汉语根基，读原著离不开注释，往往受注释者影响；如果注释者仍“以古释古”，读书的人仍然不得其义而自己望文生义，难求甚解，同样得不到原著的精要，妨碍中医理论的进步。

杨医亚说，现有的《伤寒论》讲义，依旧跳不出“原文”、“集注”的编写体裁，虽然有的增加了语译或按语，但还不够理想，仍然满足不了课堂教学的要求。因此须在不影响《伤寒论》原著基本内容的前提下，突破原条文，经过系统整理，用现代汉语编写这本比较通俗的《伤寒论》讲义。

《新编伤寒论》中，杨医亚论述了他对仲景《伤寒论》的主要观点。

（一）伤寒与温病。在温病学说创立以后，伤寒与温病之争持续很久，寒温一体论成为主流。随后又有伤寒统温病的“伤寒温病学派”和以温病统伤寒的“广温病学派”的不同。

杨医亚认为，研究《伤寒论》，首先应该认识“伤寒”的定义。如果对定义没有一个明确的认识，往往在某些枝节问题上弄不清或者造成错误的看法。

他说,“伤寒”是病名,有两个含义:一是广义的伤寒,一是狭义的伤寒。广义伤寒,即《素问·热论》所说“今夫热病者,皆伤寒之类也”;又说:“人之伤于寒也,则为热病。”《难经》“五十八难”说:“伤寒有五:有中风、有伤寒、有湿病、有温病、有热病。”据此,“伤寒”这一名称,应该是包含着一切外感热病的统称。狭义的伤寒,即《难经》具体分类中的第二个分证。《新编伤寒论》太阳病篇里所论述的中风、伤寒、温病3个证候中的“伤寒”,即指外感寒邪,感而即发的狭义伤寒。

从“伤寒”含义分析,他认为《伤寒论》的“伤寒”是广义的。如果把温病与伤寒对立起来,更是极其错误的。因为二者同属于热性疾病,只是所表现的症状不同。

(二)六经的价值。历代注家在六经问题上,聚讼纷纭,见解不一。有人以“气化”来解释,有人以“经络”、“脏腑”、“部位”、“阶段”以及“证候群”来解释。虽然互有发挥，亦各有其片面性。

杨医亚认为，六经只是中医学上的术语——名词，只须认清随证以分经，那么局限于名词方面的争论，似乎大可不必。

他说：在《伤寒论》里，六经是用来作为辨证施治的纲领。《伤寒论》根据外感热病在发展过程中所出现的各种症状，并综合病位、病势、病性、病机，以及病人的体质等，予以分析，归纳为三阳（太阳、阳明、少阳）三阴（太阴、少阴、厥阴）六个不同的证候类型，作为“辨证论治，因人而施”的准则。六经是平行并列的、独立的，但也有关联性和共同性。因此对六经应该随证而定，须分看，亦须合看。

杨医亚根据“辨证论治，因人而施”的准则，对六经的价值作如下归纳：在临床时掌握三阴三阳六大纲，就是辨清六经的不同证型及其发展规律，然后依照某一方证型的范畴来决定治疗的方针，即可获得正确的途径。这就是六经的真实价值。

（三）传经的认识。有些注家，每次引用“热论”常用太阳、阳明、少阳三阳来解释伤寒六经的传变，往往遇到困难，每每不能自圆其说。杨医亚认为，其原因是引用者不知道仲景袭用《素问·热论》其名而不袭其实，因此，《伤寒论》的“传经”不能与“热论”相提并论。

杨医亚说：“传”是指病情的进展，循着一定的规律；“变”是指病情的变化，超出了一定规律。实质上，传变无非是病理变换的过程。大凡疾病的传变与否，决定于3个主要因素：一为受邪的浅深；二为病体的强弱；三为治疗的当否。“传经”有3种途径：一为循经传，就是由太阳而阳明而少阳，三阳不愈即传入三阴，依次太阴、少阴、厥阴，由表入里，由浅入深，由轻到重，由实到虚的逐步发展趋势。二为越经传，就是不按次序，越级而传。如邪在太阳不愈，既能传阳明，又能传少阳，甚至可以不经阳明、少阳而径自传三阴。三为表里传，就是指两经关系密切，互为表里，如太阳传少阴，少阳传厥阴，阳明传太阴，这就是由阳入阴，由实转虚的一方面；另一方面，如果病势化热，也可以反过来传，称为“脏邪还腑，阴证转阳”。

（四）合病和并病。两经或三经的证状同时出现，称为“合病”；一经的病证未愈，而又出现另一经的证状，叫做“并病”。“合病”分为太阳阳明合病、太阳少阳合病、阳明少阳合病、三阳合病四类。“并病”计有太阳阳明并病、太阳少阳并病二类。

杨医亚认为，合病和并病的存在，说明六经虽各有主证主方，但各经相互之间并不是孤立的，它们之间有着整体而统一的联系。他说：“合病”应当以“综合论治”，“并病”可以“分证论治”，如果机械地把六经分割对待，片面地认为某经只能出现某病证，而只能用某方治疗的话，是会犯错误的。

（五）崇尚辨证论治。张仲景的《伤寒论》始终贯穿着“辨证论治”这一朴素唯物辩证法思想，是该书的精髓。杨医亚把“辨证论治”称为中医学的基本法则，把“阴阳、表里、寒热、虚实”称为8个辨证纲领，而“太阳、阳明、少阳、太阴、少阴、厥阴”六经称为6个证候类型。

他认为《伤寒论》对疾病判断过程是：首先通过一切方法，即以望、闻、问、切四诊为基础，以阴阳、表里、寒热、虚实八纲来辨证，尽可能详细地取得疾病整个情况，并进而探求这些情况之间的相互关系和主要原因，掌握病证的发展变化规律，然后决定适当的治疗方法。杨医亚说，《伤寒论》的“辨证论治”基本法则显然是一种唯物辩证的思维过程，不但切合临床实践，而且能够纠正可能发生的任何错误措施。

他指出，运用“辨证论治”法则有3个特点：一是不仅局限于“伤寒论”，对所有疾病都适用；二是致力于病人生理机转的促进和调整，并不强求病原；三是根据全身症状，照顾到病人整体的病理、生理机转而采用相适应的综合治疗。这种科学方法的创立，使中医学理论达到相当完美的地步。

由此可见，杨医亚对《伤寒论》的研究，已不是局限于具体的证候和病原，而是站在方法论高度求索《伤寒论》的医学科学价值，用唯物辩证方法归纳规律性的结论。显然这是杨医亚对《伤寒论》一次新的探索研究，尽管还不算成熟，但对中医学后来的发展有着重要意义。

杨医亚认为，中医学的“辨证”与“论治”、“施治”的关系是：辨证是论治的根据，又是论治的必要条件；如果辨证失之毫厘，论治则谬之千里，施治则为无根之树。

他强调，辨证须精细和耐心。其内容包括现在证（如寒热、出汗、呕吐、二便、饮食、胸腹、手足、神智及其他症状），既往证（如嗜好、家庭、工作、爱好等）和伴行证（如舌苔、脉象等）。辨证时须把全部症状，分辨阴阳、表里、寒热、虚实，再配合六经脉证，区分正型、兼型、变型，以及合病、并病，加以综合、分析，运用“同中求异”、“异中求同”的方法，找出它的共同规律和不同机制，掌握关键所在，作出正确判断。这就是“辨证”的含义。例如，寒热有发热恶寒，有发热恶风，有啬啬恶寒，有淅淅恶风，有翕翕发热，有不恶寒反恶热，有日晡（申时）发潮热，有往来寒热等症状，辨证时须配合六经脉证，分辨虚实。若表虚证诊为中风，表实证诊为伤寒；若再伴有发热、自汗出、怕风、头痛、声重、干呕、脉浮缓等表虚症状，可辨证为由风邪所引起的中风初期病变。这就是辨证的程序。

杨医亚指出，“论治”的治疗思想是《素问》中的“治病必求于本”。根据这一治疗思想，可运用“调整阴阳”和“扶正祛邪”的治疗原则。由于疾病传变的复杂及证候的混同出现，必须以“随证施治”的基本精神，权衡病变的“表里先后”和“轻重缓急”，也就相应地制订出许多治疗方案，从而使“辨证论治”的特有体系更加系统、更加完备，也更切合于临床运用。

以上5条是杨医亚研究《伤寒论》的主要学术观点，也是他对中医学理论发展的贡献。此外，在《简明中医学》中他把“整体观念”和“辨证论治”视为中医学的两大基本特点，作了进一步详述。

杨医亚强调“随证施治”对临床治疗的重要作用，而掌握“表里先后”是“随证施治”

成功与否的关键。他说：病有表里，治有先后，这是根据病变机转的客观趋势而决定的。一般地说，阳证先表后里，阴证先里后表；通常的阳证，有表里先后之分，亡阳的阴证，唯有急先回阳，不必再分表里。当表里证同时出现的时候，主要是看表证和里证哪一个比较严重，严重的先治，不严重的后治。这些辨识在临床上非常重要，万一处理不当，便有促进病变恶化的可能。

以太阳病为例。太阳病是一种外感热病。由于感受的风寒有深浅，因此，所表现的脉证也不同，而有表虚证和表实证两种病型的分别。表实证叫做伤寒，表虚证叫做中风。再就太阳中风证而言，凡出现头痛、发热、汗出、怕风、脉缓等许多表虚见症，就可以肯定它是太阳中风证。这是以“表里辨证”。太阳表证又可以分为有汗表虚和无汗表实两种类型，施治上同一汗法又有发汗和解肌的分别。太阳中风系属有汗表虚的一种类型，应该以解肌为主，它的代表方剂是桂枝汤。这是以“虚实”辨证。

太阳中风证，由于误治、失治，或病人素有宿疾，因而出现了某些变证或兼证，应该随证施治。根据不同的变证，随证加减主方，灵活运用，作出相应的方剂。

河北中医学院在“编者的话”中写道：“这本《伤寒论》讲义的特点，首先是看不到词句深奥的原文，完全用白话文体，简明扼要，易学易懂。其次，把所有类同的和互相联系的条文，都归并在一起编写，有分析、有对比，并且对原书中某些不够明显的地方作了必要的补充和说明，可以帮助读者理解。”

为了帮助初学《伤寒论》的读者学习张仲景原著，杨医亚等人同时又编著《伤寒论简明释义》作为辅助读物。由于仲景的原书，屡经窜改，字简义奥，初学者不易读懂，更难领悟，因此，杨医亚《伤寒论简明释义》以明代赵开美的复刻本为原书，逐条加以简明清晰的释义。凡遇到文字词句有疑义的地方，参考了诸家观点，综合比较，才敢释义；原文隐晦不明之处，加以补充和阐发，使这本经典巨著深入浅出、通俗易懂，宜于初学中医者所学、所用。举例如下：

［原文］病有发热恶寒者，发于阳也；无热恶寒者，发于阴也。发于阳者七日愈，发于阴者六日愈，以阳数七，阴数六故也。

［释义］在观察一般病理现象的时候，凡是发热恶寒的，多属于实热证，叫做病发于阳；无热恶寒的，多属于虚寒证，叫做病发于阴。

发于阳的七日痊愈，发于阴的六日痊愈，古人虽有此学说，但不可机械地理解。因为病程的长短与病人的年龄、身体的强弱、周围的环境、病邪的轻重，都有关系。至于阳数七，阴数六，古人都用此来解释，但有进一步研究的必要。

《新编伤寒论》和《伤寒论简明释义》无疑是杨医亚对经典的新编和释义一次新的尝试，为后学者学习多提供一种选择，既可以读经典原著，也可以读些书。读前书者多半为研究者，读后书者大多数为临床者，即便这样，后书中提出的新论及研究方法对研究者也是很有益的。

## 各科皆通　尤专针灸

杨医亚精研中医学各科，更钟情于《内经》、《伤寒论》，尤专针灸。

在华北国医学院求学期间，针灸名医吴彩臣、夏禹臣、牛泽华的授课和临床，常使他着迷和神驰。他发觉针灸术貌似简单但学问很深，一定是一个开采不尽的古老知识宝藏。课后，他研读针灸古籍，如宋代王惟一的《铜人针灸腧穴图经》、许希的《神应针经要诀》、金元时代滑寿（伯仁）著的《十四经发挥》及《难经》等，遇到不懂或疑惑的地方，便向3位针灸大家请教。因此，他在大学期间已得3位名医的真传，针灸学业有了长足的进步，也积累了一定的临床经验。

心高志壮的杨医亚毕业不久就创办了中国针灸研究所函授部学习班。为配合函授教育，他创办《针灸学季刊》，广邀北平内外针灸学名老中医赐稿，从中学到了许多新针灸配穴和处方。1939 年，他着手编著《近世针灸医学全书》，作为当时针灸函授讲义，供函授学员自学。针灸学著作已出版不少，唯有系统通俗实用的《近世针灸医学全书》广为传播。

1943 年后，杨医亚任华北国医学院教授期间，完成《配穴概论》、《针灸治疗学》、《针灸经穴学》、《针灸经穴便览》、《针灸治疗医典》等著作的编写。1949 年，他把这 5 本书的内容重新整理归纳、删减补充，写成《实用科学针灸》3 册出版。这部重要著作的问世，使他在针灸界享有很高的声望和地位。

杨医亚说：中华人民共和国成立前，中医学曾多次遭受挫折。1929 年 2 月下旬，当时的国民政府卫生部第一届中央卫生委员会，通过了余云岫提出的《废止旧医以扫除医事卫生之障碍案》，虽遭到了全国中医界的强烈抗议，未得执行废止中医的政策，但对中医学威胁已到极点，针灸学也难逃厄运，得不到应有的发展。中华人民共和国成立以后，由于党和人民政府对中医学遗产的重视，更由于团结中西医政策的贯彻，使医务工作者消除了以往中西医间的成见，在思想上明确了为人民服务的观点，互相学习，共同研究，因而针灸学才获得了空前发展，各地医务工作者学习针灸，掀起热潮。在这种情况下，对针灸参考书籍的需要是迫切的，虽然针灸书籍已有多种，但总的来说仍是缺乏的。

1953 年上海千顷堂书局出版了杨医亚翻译的日本汉医柳谷素灵新著《最新针灸治疗医典》；1954 年 2 月修改后的《近代针灸医学全书》出版，至 1955 年 6 月共印刷 4 次，热销依旧。以后《针灸秘开》、《针灸处方集》、《中医验方汇编（针灸）》、《民间灵验便方第二集（针灸）》等，至 2000 年 9 月《民间针灸三百方》出版，杨医亚共编著和审定各类针灸专著、教材约 20 部，占他出版的著作近一半。

日本汉医针灸专家曾将杨医亚著的《中医验方汇编（针灸）》和《民间灵验便方第二集（针灸）》译为日文合成一册，名为《中国针灸全疗法》在日本出版，被日本汉医称为“针灸专书之魁”，杨医亚又一次名扬东瀛。

在杨医亚 84 岁那年，《杨医亚针灸学》由中国医药科技出版社出版。耄耋老人亲自完成整理稍显力不从心，因此，此书由他的家人李竹溪、杨光原和他的学生段苦寒协助整理出版。

杨医亚在“前言”中写道：“笔者 1939 年编写了《近代针灸医学全书》，当时为中国针灸学术研究所的函授针灸讲义，1954 年为供给志愿者参考，曾删改出版，前后共再版 4 次，但由于内容简略和存在着不足，不能满足读者的需要，因此决定全部修订，重新编排。

1966年在昌黎举办半农半医培训班结束后，我返回天津中医学院，1970年准备重编，但又参加《中医大辞典·方剂学》，高等医药院校使用教材《中医学》及《中国医学百科全书》、《中医自学丛书》和《中医医案八十例》等多种中医书籍编撰工作，一直拖延二十余年才和读者见面。”

《杨医亚针灸学》是他从事针灸理论和临床近60年成果的总结，为中医针灸学研究留下了一份宝贵的财富。

数千年来中医是结合着经络学说来诊断和治疗疾病的，尤其是针灸，在临床上离不了选穴和配经。经络学说源于《黄帝内经》，因为《素问》与《灵枢》都是以经络学说为中心，其中对于经络的记载和阐述是相当完备的。杨医亚说：《灵枢·经脉》云，“经脉十二者，合于经水，而内属于五脏六腑”；“经脉者，所以能决死生，处百病，调虚实，不可不通”；“夫十二经脉者，人之所以生，病之所以成，人之所以治，病之所以起”，等等。这些文字的记载，已经指出经脉在人身上是很重要的，每一条经脉都有它出入和经过的地方。这完全是我们的祖先在长期观察病人针刺后的自觉感应及其变化归纳所得的结果。它不仅有物质基础，也有实际应用的价值。

在针灸临床治疗时，根据经脉来选穴刺针，例如刺委中来治腰痛，是因为委中属太阳经脉，这条经脉经过腰部；刺合谷穴治牙痛，是因为合谷属阳明经脉，这条经脉是从手上行到齿颊部的。这就证明了针下的感传和经络的关系。由此，杨医亚认为，大部分经穴发散感传的范围，都是和经络走向一致的，而且在针灸治疗上确实起着相当重要的作用。

由于生理解剖学的发展，社会上时有经络是否存在的争论。面对这些争论，他在该书

"绪论"中写道："近来有一些人否定经络学说，我们知道现代医学还在不断发展，很多事情还待于进一步认识。况且经络走行的现象也不是今天能用解剖学所能解释的，因为我们知道经络的走行，有些不是按照神经、血管、淋巴管的走向所行的。虽然有人不根据经络学说来取穴，采用局部刺激疗法可以获得一定疗效，但这些疗效远比不上经络的治疗，因此，经络治疗是传统的、有效的临床医疗方法。"又道："《灵枢·经脉》说：'经脉在里，络脉在表。''经脉十二者伏行分肉之间，深而不见，其常见者，是太阴过于外踝之上，无所隐故也。诸脉之浮而常者，皆络脉也。'因为络脉多分布在外边，就是皮肤浅层，可以观察到。"

杨医亚主张，运用针灸治疗疾病，和其他科的临床一样，必须坚持辨证论治基本法则，就是通过四诊（望、闻、问、切）、八纲（阴、阳、表、里、寒、热、虚、实）分析，辨认病变部位、疾病性质、邪正盛衰情况，再结合脏腑经络理论，得出正确诊断后，决定针灸治疗方法。并指出，针灸治病，同样须根据“辨证论治，因人而施”的准则，就是以阴阳、脏腑、经络等理论为指导思想，绝不能以医生主观臆想作判断依据，否则疾病非但治不愈，反而引起疾病传变。

例如，以发热、微恶风寒，或有汗出、头痛、鼻塞或有少量稠涕、咽喉红肿疼痛、咳嗽痰稠、舌苔薄黄、脉浮数等为主要临床表现的患者，通过四诊、八纲及脏腑经络辨证，可知病变部位在表、在肺，病变性质属热，是邪气过盛，正气尚足，应诊断为感冒（表热实证）。治疗原则是疏风解表，宣肺清热，针灸取手太阳、阳明、少阳经穴为主，如大椎、曲池、合谷、鱼际、外关。又如，以恶寒发热、鼻塞声重、喷嚏、流清涕、咳嗽、痰多稀薄，甚则头痛、舌苔薄白、脉浮紧等为主要临床表现的患者，通过四诊、八纲及脏腑经络辨证，可知病变部位在表、在肺，病变性质属寒，是邪气过盛，正气尚足，应诊断为感冒（表寒实证）。治疗原则是疏风解表，宣肺散寒，针灸取太阴、阳明及足太阳膀胱经穴为主，如列缺、合谷、风池、风门。

“表热实证”与“表寒实证”同为感冒，仅“热”与“寒”一字之差，两种病的施治原则因此而不同，如果辨证不当，治疗一定无效。

数千年来，古人在针灸临床实践中积累了许多治疗处方原则和处方程序。《杨医亚针灸学》将其归纳如下：

（一）病在上下取之，病在下高取之，病在头取之足，病在足取之腘。《灵枢·终始》说，如治疗头面的疾病刺手上的合谷穴，头痛、失眠灸厉兑穴等，都是符合这条治疗原则的。

（二）邪客于经，左盛则右病，右盛则左病。这是左痛取右、右痛取左的治疗原则。

（三）阴盛阳虚，先补其阳，后泻其阴而和之；阴虚则阳盛，先补其阴，后泻其阳而和之（《灵枢·终始》）。这是“盛则泻之，虚则补之，热则疾之，寒则留之”的治疗原则。

（四）通常先治其本，后治其标；急病者先治其标，后治其本。这是“标本、轻重、缓急”的治疗原则。

中医在临床时须有慈悲仁爱之心，安慰病人，观察病人的情绪变化。《素问·征四失论》把“精神不专，志意不理，外内相失，故时疑殆。诊不知阴阳逆从之理”视为治疗工作中的失败原因之一。

杨医亚指出，针灸医生与病人之间建立友好的医患关系对疾病的疗效好坏是极有关系的。古人说：针灸当中须“目无外视，手如握虎，心无内慕，如待贵宾”，就是让医生在针刺时须专心致志，心无旁骛，言语温和，庄重严肃，让病人保持一种良好的心理状态。如果医生言语轻浮，行动粗鲁，很容易给病人留下一种不良的印象，亦能降低针灸治疗的效果；或者病人看到医生慌慌张张，导致害怕的心理，便易发生精神过敏，肌肉紧张，感觉紊乱。这就是为什么有人在刺针进针时出现困难，甚至发生弯针、折针事故的原因。

杨医亚发现有些医生在临床中经常表现出下面的不良行为：在刺针时以为进针后就没事了，开始忙于其他病人，不问这个病人有没有酸、麻、痒、胀、重、痛等感觉，更不观察病人面色是否有潮红，或苍白汗出，或情绪不安；有些医生进针后针也不动，留停时病人无人过问，等等。

杨医亚严肃地指出：医生的这种态度实际上是一种不负责任的表现。每个针灸医生在刺针时，应该态度和蔼，聚精会神，细心观察病情，体贴病人，使病人感到一种温暖、一种关怀，这是每个医生应尽的责任。他经常告诉他的学生，用针灸治疗，为了达到良好的治疗效果，除仔细诊断，详细检查病情，掌握手法，熟悉经穴和配穴方法，并遵守注意事项等专业性技术外，医生的态度、言语、行为都是会直接影响治疗效果的。因此医生临诊时一定要有仁爱心、关怀心和责任心。

自 1939 年《近世针灸医学全书》问世至 1998 年《杨医亚针灸学》出版，时隔 60 年，在这一个甲子中，杨医亚耕耘针灸学久而不辍，博采古今精华而集针灸学之大成，显示了他对针灸学的执著和热爱，为他钟爱的针灸学无私地贡献出自己一生中大部分的知识和精力。《杨医亚针灸学》已成为中医学的经典之著。

杨医亚在“前言”中说：“针灸疗法是我国劳动人民数千年来在医疗实践中的创造，是中医学宝贵遗产的重要部分。因它有独特理论，具有操作最简单、最方便、最经济和节约药品的效果，在临床应用上有很高的疗效，一直受到劳动人民的信赖，这是世界医学中所罕见的。针灸疗法在我国人民长期对疾病的斗争中，在民族保健工作方面发挥了巨大的作用，具有丰富的实践经验和理论内容。正因为它有悠久的历史，对我国民族的生存和发展有伟大的贡献，作出辉煌的成绩，具有丰富的宝贵经验，所以现在已成为世界医学所重视和研究的对象。”

针灸疗法的民族性、大众性、经济性、易学性及高疗效性的特点，使它被世界医学界所重视和推崇，远渡重洋，遍布世界，造福于各国人民。杨医亚把整理、挖掘、研究、传播针灸学作为自己一生学术研究和临床实践的主要部分，表现出他的崇高理想和鞠躬尽瘁的精神，受到国内外针灸界的高度评价。当世界针灸学会联合会第一届针灸学术大会召开时，杨医亚作为中国针灸学代表应邀参加会议并作重要学术报告，受到与会代表热烈称赞。

## 著述等身　简切明尽

杨医亚一生办过杂志，开过诊所，当过教授，对每一项工作，他都重实行，不尚空谈，尽力把工作做得完美。然而，观其人生，在医疗、教学、科研、编辑之外，他把主要精力用于编撰著作。据不完全统计，杨医亚独立编著或与他人合著或由他主编、审订整理出版的中医书籍有 50 余部，约 1540 余万字，对我国中医事业的振兴和发展作出了特殊贡献，在同道中可谓“著作等身，名驰遐迩”，极少有人可与他比肩。

杨医亚的全部著作大致可分为以下 7 类。

一、教材讲义

这类著作主要有：《中医内科学讲义》、《中医药物学讲义》、《简明中医学》及全国高等学校《中医学》教材；此外，还将清代叶天士的《外感热病篇》、吴鞠通的《温病条辨》、薛生白的《湿热病篇》、王孟英的《温热经纬》等温病专著，经归纳整理，取各书精华，熔为一炉，写成《中医热性病学》一书，曾作为河北新医大学的教材；曾为“西医离职学习中医班”编写《内科学讲义》等。他编写的教材内容充实完整，理论联系实际，由浅入深，循序渐进，便于学生学习和掌握。

二、临床通俗读物

这类著作大多是专为函授班、半农半医培训班及七二届至七六届高校工农兵学员编写。主要有：《临床各科综合治疗学》（工农知识青年教学读物）；中医中等系列函授教材，如《中医五官科》、《中医妇科学》、《中医外科学》、《针灸学》等；半农半医培训教材，如《针灸》（试行本）、《中医诊疗概要》、《中医医案八十例》等。

编写特点为，以西医病名为目，中西医结合，概念简明，医案可靠，文字通俗，是中医初学者或有志于学中医的青年启蒙书籍和临床指导，因此读者甚众，遍布全国各地，发行量很大。

三、医学专著

这类著作主要有：《临床各科综合治疗学》（前后编）、《新编伤寒论》、《近世针灸医学全书》、《杨医亚针灸学》等。编著特点为，论述中医理论科学严谨，学术观点精到，理论联系实际，破“以古释古，以经释经”的传统体例，坚持中西医结合及运用唯物辩证法。

四、整理和修订近现代医著

这类著作主要有：张锡纯的《医学衷中参西录》，协助同事修订《李和医疗经验选》、《中医眼科临床实践》等，对抢救名老中医宝贵的临床经验做了大量卓有成效的工作。

五、编纂医学工具书

这类著作主要有：《简明中医辞典》（审定）、

《中医经典辞典》(合著)、《中医大辞典》(中药和方剂两分册)等，该大辞典中药和方剂分册共收集词汇7500余条。

六、编辑类书和丛书

这类著作主要有:《中国医学百科全书》(方剂部分)、《中医百科问答》、《中医自学丛书》等。

七、其他著作

这类著作主要有:《附子之研究》(与李彬之合作)、《灵枢经校释》(二册)、《拔罐、割刺、急救方》、《医学论文指南》(审定)等。

杨医亚一生论著丰硕，大都是围绕着教学而写的，在研究和临床基础上讲课，在讲课的基础上完善成论著。因此，他每次讲课的教材不断充实新材料、新观点。他认为把最新的知识教给学生，这是教师的职责。

杨医亚的著作涵盖中医各科。他博学卓识，而且一以贯之持守“让更多的人学会中医，可以救治更多的病人”的理想，勤奋地为他们写作。他的著作“简切明尽”：文字简约而不繁冗，内容切题而不浮华，行文明畅，寓意深远而不含糊，理论尽量全面而不疏遗。他的著作因为“简切明尽”，既受中西医师的喜欢，又受广大初学中医青年的钟爱，帮助他们提高诊治水平，由此惠及普通乡镇百姓，还得到日本汉医学家的青睐，有些著作被译成日文在日本出版。

编撰论著是一件寂寞孤独的事，唯有淡泊静心，才能安下心来做编著这样的苦差事。胸中若无万卷之书，心中若无大众之心，未必能成书，更未必能坚持60年而不辍。

古人云：“立言者，未必即成千古之业，吾取其千古之心。”杨医亚著书不为千古之业，却存千古之心。这颗千古之心就是培养更多的医生，救治更多的病人而鞠躬尽瘁之心。

20世纪70年代初全国高校招收首届工农

兵学员，中医院校缺少适合于这批大多数只有初中文化程度学员学习的教材。1971 年人民卫生出版社请河北新医大学编撰《简明中医学》。学校组成由中青年教师为主的编写小组。当时教师已荒疏学业多年，时间又紧迫，只能草草地完成初稿。学校请杨医亚审读、修改。他重写了大部分章节，对其他章节作了文字修正。出版社几天一次电话催稿，他只能抓紧时间赶写出来，经常一天写作长达十五六个小时，保证了该书按期出版。作者署名却是“河北新医大学”。他毫不介意署名的事，他说：只要这些书能起到培养中医人才的作用，我就心满意足了。

1976 年杨医亚恢复了教学工作。这年他接受卫生部下达的任务，担任《中医大辞典》编委和《中国医学百科全书》编委及该书《方剂学》分册主编。7 月 28 日唐山发生特大地震，北京、天津、石家庄等邻近城市都有极强的震感。一时间人心慌乱，纷纷在室外空地搭起防震棚。这段非常时期，多数人已无心工作和读书，关心着震情，谈论受灾消息。

杨医亚独自生活在石家庄，家属住在北京，当得知家属平安后，他在防震棚里安放一张桌子，在暗淡的灯光下坚持完成自己的任务。防震棚外面嘈杂喧闹的声音似乎对他没有干扰，他完全沉浸在学问之中。

1977年，为撰写《中医大辞典》，杨医亚和两位同事出差到南京、上海查阅资料，首站住在南京中医学院招待所。一天在南京中医学院阅读资料时，杨医亚突然血压增高，脑血管痉挛，右腿行动不便，右手不能提笔。随行的同事十分着急，劝他病情好转后返回学校。他说，我们都是搞医的，我的病只要及时救治，不用担心，很快就会好的。经过治疗，他一面吃药，一面学着左手写字，摘录资料，一直坚持完成南京的任务才返回石家庄。

韩愈说："业精于勤而荒于嬉，行成于思而毁于随。"杨医亚一生，活到老，学到老，学无止境。做学问他下大工夫，以苦为乐；编著述他坚持革新，便于初学者读懂。平凡之中见真情。

纵观杨医亚著述生涯，六十余年中，他经历贫富、贵贱、得失、荣辱的变化，但他持守"三不变"。

一不变是写书让更多的人学会中医，救治更多病人的志向不变。五十余部著作中，多数是为基层中医自学而写的，包括函授教材、半农半医培训教材、工农兵学员教材及自学晋升考试辅导教材等。他体恤民间中医的辛苦，深知他们求知的渴望。中华人民共和国成立后，中国发生天翻地覆的变化，尤其改革开放以来，随着我国经济快速的发展，城乡医疗条件得到极大改善。但是我国人多地广，偏远地区或城市远郊区仍然存在看病难、看病贵的问题，很多地方基层中医依然是救治病人的主要医治力量。因此，杨医亚的心中始终关怀着百姓的病痛，心甘情愿为医疗卫生第一线的医生写书。

二不变是坚持中医革新不变。他认为，中西医结合，相互学习，取长补短，中医借助西医诊断方法，有利于相互印证，这也是中医发展的科学道路。他坚持用现代汉语编著中医著作，以西医病名列目，介绍西药并与中医辨证及方药对应，既有利中医学习，又利于借鉴西医。这种文风终生不渝。

三不变是坚持理论指导实践不变。他说："张仲景是一位理论联系实际的临床医学家，所以全书着重在诊断和治疗方面，而且特别强调指出了一切应该以'证'为凭。这就体现了从疾病本身客观现象出发，而不是从医生主观想象出发的唯物主义观点。"因此，杨医亚无论临床或著述，都强调"辨证论治"和"随证施治"，即使在操作性很强的针灸著作中也列入一章，专门分析辨证论治对针灸疗效的作用。

这“三不变”是杨医亚的治学态度。他认为，既然把教育作为自己一生为人民服务的责任，就应该做到“学高人之师，身正人之范”。

杨医亚做学问却是在“变”的。从 1939 年的《近世针灸医学全书》到 1998 年的《杨医亚针灸学》，历经 60 年，两本专著的读者对象没有明显的变化，而在内容、编排、论述等方面有了重大变化。他说：“《近世针灸医学全书》内容简略和存在着不足，不能满足读者的需要，因此，决定全部修订，重新编排。”晚年杨医亚抱病修订了《民间灵验便方第二集（针灸）》等旧著，亲自编选《民间针灸三百方》。

一个人有点学问并不难，学问的渊博也并不甚难，难得的是有卓越见识，而卓越见识来自于求索学问的功力，并表现在走自己独特的路。杨医亚论著中的个性化特征极为明显，原因就在于他从不人云亦云，总是能够独树一帜，另辟蹊径。他的学生许占民说："杨老是院校方式传授中医的先驱者。"名医任圣华说："环顾国内，有能沟通此三种（指新药、中药、针灸）学术以便于学习之医学著作，尚寥若晨星。盖兹事体大，非学术兼备，未敢率尔操觚也，有之，则自医亚大夫之《临床各科综合治疗学》始。"

## 春雨无声　静水深流

杨医亚幼年丧父，家境贫寒；北平上学，打工谋生；日本人占领北平时期，一度陷狱，受尽折磨；1957年后，两次受到不公正待遇，长时间生活在孤独的底层。少年时的贫穷使他养成勤劳艰苦的习惯和自立奋斗的品德；青年时创业的艰难，使他展现了才华和智慧；中年时遭受政治上的冷落，使他磨砺了意志，能够在社会大变革中荣不喜、辱不惧，静下心来做自己的学问。春雨丝丝却能润湿万木，点滴学问也是对社会有益的。他的心境变得平和、豁达、积极、上进。

在创办《国医砥柱月刊》初期，办刊条件是非常艰苦的，由于付不起印刷装订费，大年三十晚上，他不敢回家，害怕印刷厂堵门讨债。后来杂志畅销，资金周转顺利，他便自己购买一台印刷机，自办印刷厂，印刷出版一体化，在那个时代紧紧跟上了社会发展的潮流。

抗日战争爆发后，温县老家被日军占领。杨医亚在北平米市胡同买了一套房子，把母亲、婶婶、堂弟和堂妹接到北平与他家一起生活，并供堂弟杨益欧上学。后来益欧毕业于清华大学水利专业。

杨益欧回忆说："当时一大家人只有堂兄杨医亚一人工作，每月收入要负担10口人的生活，实在是不容易的。我在课余时间也帮助他写信封、装杂志、送邮局，每期的信封要写一个月，往往每晚要忙到半夜才能睡觉。"《国医砥柱月刊》发行之初，由于交通不便，订户大多在河北、河南、山东、山西、陕西等北方地区的农村和小城市，后来才逐渐扩大到南方各省，发行局面才得以扩展。

1951年杨医亚参加公职后，停办了诊所和杂志，只留下一家药房，交由夫人经营，而他率队来到石家庄河北省卫生厅工作。

20世纪80年代初，杨医亚夫妇回到河南温县老家探望乡亲。他回家的消息不胫而走，传遍方圆百里。乡亲们从安阳、漯河等地赶来求治。一时间，杨家老屋院里排起长龙。杨医亚忙得连轴转，每天只能睡两三个小时。临别前，他把乡亲送的土特产分给了当地乡亲。他说，能为乡亲做点事，心情是很愉快的。

兰耀东、刘玫在《勤奋著述施惠于众》一文中写道："杨教授家在北京，长期以来单身一人住在河北医学院，潜心于中医学研究。为了节省时间，他不到学校食堂排队买饭，每天到附近饭馆吃上一顿便饭，晚上煮些挂面汤凑和了事。他从不追求享受，把时间与精力用于编书写书上。"

从1951～1983年河北中医学院成立32年

间，他工作过8个单位，平均4年改换门庭一次。这种频繁的调动使他常常居无定所，教学、科研、临床也缺少长远安排和计划。他以平常心和责任心做好单位安排给他的每项工作。这期间，北京中医学院筹建，从各地调入名老中医任教，领导曾动员他回京，既有更好的条件展示他的才能，又可与别离已久的家人团聚。他却说把机会让给别人吧，等以后再说。

杨医亚生养五女二子七个子女，他们长期与母亲住在北京。杨夫人经营的药房，1953年公私合营后，并入同仁堂药店，她也成为同仁堂药店职工。1981年杨夫人退休后来到石家庄，在学校安上了家，夫妻团聚。杨医亚终于有了一个家，结束了长期孤身的单调生活。

杨医亚对子女教育十分严格，要求他们积极上进，服从国家需要。长女杨定一北京师专毕业后，因体质虚弱，学校原计划分配她到北京市教育局工作，其他同学都分到大兴县。后来学校问她是否愿意与其他同学一样到大兴县工作。她回家与父亲商量，杨医亚夫妇积极支持她去大兴县。杨定一说，父亲对农民怀有特别深厚的感情。父亲常说，年轻人应该到艰苦的地方去锻炼，才能更好地成长。

1977 年，杨医亚作为河北新医大学的代表，出席在石家庄召开的河北省科学技术先进代表大会，他预感到科学春天的到来。

杨医亚生命中真正充满着阳光的春天，应该说是从 1979 年开始的，尽管这一年他已经 65 岁了。这一年，他被评为中医教授职称，是当时河北省唯一的中医教授，确立了他在河北省中医界的学术地位；河北新医大学任命他为科研处副处长，期望仰仗他的渊博知识及在国内中医界的声望，推动学校开展已停顿多年的科学研究工作。

1980 年杨医亚向学校党组织递交了入党申请书。3 年后即 1983 年，70 岁高龄的杨医亚被批准加入中国共产党。“这个消息在河北中医学院传开，大家都为这位兢兢业业给中医学宝库增添财富的老知识分子的光荣入党而高兴。”兰耀东、刘玫这样描述当时群众的心情。

杨医亚向党组织表示：“我人虽暮年，但政治上还很年轻，能多干点工作，还要尽量多干点。”

自入党至2002年辞世，杨医亚主编和参编的著作达15部，是他一生中第二个高产期。显然，暮年的杨医亚在这百花齐放的科学春天里，想抓紧时间多播一点细雨，像老树那样多开一点淡淡清香的花。杨医亚一生正直无邪、勤劳忠厚，平淡得如同清可见底的深水，静静透亮的，而在水的深处却在不停地流动；一旦需要，它便有澎湃之势，不可阻挡。杨医亚晚年担任多个重要社会职务，如中华全国中医学会理事、河北中医学会副会长、卫生部高等医药院校医学专业教材编委、中国医学百科全书编委等。

因为诸多原因，杨医亚不曾有过亲传子弟，但他所教过的学生和从他著述中受惠者却难以计数。尤其是随他巡诊或与他合作或请他作序、审校论著的年轻后学常常得到他的恩泽，终生难忘。

2002 年 3 月，杨医亚因遭车祸不幸辞世。与他合作多年的学生李彬之的挽联上写道："以教终生饱尝艰辛桃李芬芳誉满神州，著述等身呕心沥血展现业绩含笑九泉。"

另一位学生孙士彬的挽联上写道："吾师医亚，杏林昆仑，悬壶京冀，泯泯群黎得以宁康；著述等身，莘莘学子，遍以四海，惊悉噩耗青衫尽湿。昔承先生之教诲，竟惠士彬以终生。"

1994 年 11 月，杨医亚学生许占民以《老骥伏枥，志在千里》为题在《河北中医学院学报》发表文章。在文章最后，他写道："杨老的博极医源、精勤不倦的精神，无不是光辉的楷模。我们作为杨老的学生，应不断'总结前人，丰富自己，启迪后学’，为振兴岐黄医术，精心耕耘。”

杨医亚的人生原本就是一部书，一部精勤做学问、惠及群黎百姓、忘却荣辱浮沉、净化人心灵的书。

（撰稿人　吴石忠）

# 《中华中医昆仑》丛书150位医家名录

（按生年排序）

| | | | | |
|---|---|---|---|---|
| 张锡纯 | 丁甘仁 | 萧龙友 | 王朴诚 | 恽铁樵 |
| 曹炳章 | 冉雪峰 | 谢　观 | 施今墨 | 汪逢春 |
| 孔伯华 | 黄竹斋 | 吴佩衡 | 蒲辅周 | 陈邦贤 |
| 李翰卿 | 李斯炽 | 姚国美 | 陆渊雷 | 张泽生 |
| 时逸人 | 张梦侬 | 叶橘泉 | 王聘贤 | 陈慎吾 |
| 邹云翔 | 赵炳南 | 承淡安 | 余无言 | 刘惠民 |
| 岳美中 | 沈仲圭 | 秦伯未 | 赵锡武 | 韦文贵 |
| 程门雪 | 黄文东 | 赵心波 | 董廷瑶 | 吴考槃 |
| 章次公 | 石筱山 | 陆南山 | 张赞臣 | 李聪甫 |
| 刘绍武 | 陈存仁 | 朱仁康 | 陆瘦燕 | 姜春华 |
| 韩百灵 | 高仲山 | 李克绍 | 王鹏飞 | 刘春圃 |
| 金寿山 | 哈荔田 | 何世英 | 周凤梧 | 干祖望 |
| 关幼波 | 王为兰 | 任应秋 | 罗元恺 | 祝谌予 |
| 杨医亚 | 郭士魁 | 何时希 | 耿鉴庭 | 俞慎初 |

| | | | | |
|---|---|---|---|---|
| 裘沛然 | 顾伯华 | 江育仁 | 邓铁涛 | 门纯德 |
| 刘渡舟 | 尚天裕 | 朱良春 | 李玉奇 | 程士德 |
| 尚志钧 | 赵绍琴 | 董建华 | 米伯让 | 李辅仁 |
| 张珍玉 | 班秀文 | 颜正华 | 于已百 | 颜德馨 |
| 路志正 | 方药中 | 王乐匋 | 黄星垣 | 谢海洲 |
| 余桂清 | 何　任 | 王子瑜 | 程莘农 | 陈彤云 |
| 焦树德 | 张作舟 | 张　琪 | 李寿山 | 张镜人 |
| 王绵之 | 方和谦 | 印会河 | 王玉川 | 蔡小荪 |
| 李振华 | 马继兴 | 王嘉麟 | 宋祚民 | 刘弼臣 |
| 王雪苔 | 刘志明 | 吴咸中 | 李今庸 | 任继学 |
| 裴学义 | 王宝恩 | 周霭祥 | 贺普仁 | 唐由之 |
| 赵冠英 | 许润三 | 金世元 | 陆广莘 | 刘柏龄 |
| 徐景藩 | 吉良晨 | 吴定寰 | 沈自尹 | 王孝涛 |
| 张灿玾 | 周仲瑛 | 强巴赤列 | 张代钊 | 李经纬 |
| 郭维淮 | 柴松岩 | 苏荣扎布 | 陈可冀 | 李济仁 |
| 夏桂成 | 郭子光 | 巴黑·玉素甫 | 张学文 | 陈介甫 |